MÉMOIRE
ADRESSÉ
PAR ANTOINE GERBOIN, JEUNE,
AUX AMIS DE LA RÉVOLUTION.

Une cabale formée, dans la Commune d'Amboise, de tous les ennemis de la Révolution, m'a fait jetter dans les fers, destituer de mes fonctions publiques, traduire devant les Tribunaux Révolutionaires. Après avoir assassiné la Liberté, elle employe tous les moyens pour me faire égorger avec le fer des Loix. Quel est mon crime à ses yeux ? C'est d'avoir aimé la Révolution & de l'avoir servie.

Mon oppression se lie nécessairement avec les événements qui viennent de se passer à Amboise, & qui ont changé la face de cette Commune. Ainsi je me contenterai de tracer un tableau fidele de ces événements. On y verra une coalition formée par les riches, les modérés, les aristocrates, pour écraser le Sans-culotisme ; des intrigues nouées avec art, pour séduire, ou égarer le Peuple ; un système de terreur se développant par dégrés, enchaînant la pensée, & dictant des déclarations ou des rétractations coupables ; la haine & la vengeance désignant leurs victimes; les Patriotes opprmés & les contre-révolutionnaires arrachés à la sévérité des Loix ; enfin les surprises faites à la religion d'un Représentant vertueux, pour lui faire sanctionner, sans-doute contre son intention, des mesures aussi désastreuses.

Je parlerai avec toute la franchise d'un homme libre. Je m'oublierai souvent moi-même, pour ne peindre que les dangers de la chose publique. Je n'employerai que le langage simple & austere de la vérité ; & les faits que je raconterai, seront fondés sur des témoignages irréfragables, ou sur la notoriété publique.

Je dois dire d'abord ce que j'ai été avant & depuis la Révolution, le caractere de mes ennemis, & ce que j'ai fait pour mériter leur haine.

Avant l'époque de la Révolution, je n'avois possedé aucune place qui appartînt à l'ancien régime. Je consacrai une partie de ma modique fortune à m'instruire dans un art utile à l'humanité. Né avec un esprit indépendant, j'embrassai la Liberté avec toute la franchise du sentiment. Mes principes furent si prononcés, que je fus désigné par les aristocrates, comme un factieux, c'est-à-dire, dans le langage des hommes libres, comme un ardent ennemi de la tyrannie.

Dès ce moment, j'obtins la haine de tout ce qu'il y avoit dans ma Commune d'hommes indignes d'être libres; Ils commencerent contre moi une suite de persécutions, qu'ils voiloient des ténébres du secret & des intérêts de l'ordre public. Je méprisai leur haine, & je n'en fus que plus attaché à la Révolution.

Je luttai avec courage contre tous les genres d'aristocratie & contre toutes les especes de traîtres. Je combattis successivement les Partisans des priviléges, les Fayétistes, les complices de Dumouriez, & enfin les Fédéralistes, plus dangereux qu'eux tous. Dès le premier instant où éclata une scission dans la Convention Nationale, je fus Montagnard zelé ; & cela accrut encore se nombre de mes ennemis.

J'avois été honoré plus d'une fois, des marques de la confiance de mes Concitoyens; je fus nommé successivement aux places de Notable de la Commune d'Amboise, de membre du Directoire du District, d'Officier Municipal, & enfin d'Administrateur du Conseil & de Juge du Tribunal du District. Trois fois j'ai été appelé aux fonctions dE'lecteur. J'avois été aussi nommé à la place d'Administrateur du Conseil du Département; mais je crus devoir la refuser, l'état de ma fortune ne me permettant pas le déplacement qui étoit nécessaire.

Dans les divers postes que j'ai occupés, & dans le rang honorable de Citoyen, je me suis toujours montré le défenseur des principes les plus purs de la Révolution. Dans les premiers instants qui suivirent le 14 juillet, je proposai dans une assemblée générale de la Commune d'Amboise, la formation d'un Comité Municipal, à l'imitation de ce qui s'étoit déjà fait dans plusieurs Communes. Peu de temps après l'époque du 20 juin, étant Officier Municipal, j'eus horreur de signer une adresse au tyran, sur ces événements, adresse qui me fut présentée par le Procureur de la Commune. Au mois de mars 1793, je fis adopter par la Société Populaire, une adresse à la Convention, pour lui demander dès ce moment, de décréter le gouvernement & un code Révolutionnaires. La Révolution du 31 mai ayant éclaté, je provoquai de l'Administration du District, dont j'étois membre alors, une adhésion à cette révolution; & l'adresse qui la contenoit fut votée dès le lendemain du jour où l'insurrection fut connue. Peu de jours après, je proposai la même mesure à la Société Populaire des Sans-culottes d'Amboise, & elle y fut adoptée à l'unanimité.

Je ne rappelerai point les sacrifices que j'ai fait pendant le cours de la Révolution; & la perte presque entière de ma profession (1), & les dons legers que

─────────────

(1) On appréciera ce sacrifice, si l'on se souvient que je n'étois pas riche , & si l'on sait que j'aurois pu jouir d'un sort très-avantageux, si j'avois prêté l'oreille aux insinuations des aristocrates & des modérés. Cependant des hommes dont le patriotisme est très-douteux, m'ont accusé de n'avoir que

j'ai offerts à la Patrie. Toutes ces choses sont des devoirs ; & la dette envers la Liberté est trop sacrée, pour qu'on doive se souvenir de l'avoir acquittée.

Je ne trace ce tableau rapide de mes sentimens, que parce que la calomnie a osé attaquer jusqu'à mes opinions & mes principes.

Une conduite aussi Révolutionnaire m'avoit désigné depuis long-temps à la fureur des aristocrates. Mais cette fureur étoit captive, ou du moins elle se concentroit dans des persécutions obscures, jusqu'à ce qu'elle trouvât enfin l'occasion de me perdre. Les événemens que des circonstances particulieres & inattendues développerent à Amboise, leur fournirent cette occasion.

Avant de raconter ces événements, je dois présenter une esquisse de la situation politique de cette Commune & de l'esprit qui y regnoit.

La Commune d'Amboise avoit vu dans son sein, dès le commencement de la Révolution, la lutte des Aristocrates contre les Patriotes ; mais le parti contre-Révolutionnaire avoit toujours été le plus foible, & les Patriotes avoient facilement réprimé ses fureurs & déjoué ses complots. Cette Commune fut même long-tems distinguée par son zele à exécuter les loix & par les sacrifices qu'elle fit à la Révolution. Cependant le nombre des aristocrates parut s'accroître insensiblement : déjà même, réunis avec les partisans du roya-

---

le masque du patriotisme ; & le Comité de Surveillance qui a ordonné ma détention, a répété cette calomnie atroce, sans y croire.

lisme, ils avoient commencé à opérer la contre-Révolution dans l'esprit public, lorsque le 10 Août renversa tout-à-coup leurs intrigues en faisant succéder le regne de la Loi aux crimes de la Monarchie. Cette époque, si heureuse pour la Liberté, balaya les restes impurs de l'ancien régime : mais en même tems de nouveaux ennemis de la Révolution se montrerent, & il se forma un parti composé des riches égoïstes, des ambitieux, des hommes foibles, en un mot, de tous ceux qui craignoient l'austérité des principes Républicains. Cependant ces hommes crurent devoir retenir le masque du Patriotisme, & ils continuerent à se dire les Amis de la Liberté, tandis qu'ils nourrissoient dans leur cœur la haine de la République.

Dès-lors on distingua dans Amboise trois partis bien prononcés ; celui des Patriotes sinceres, celui des Aristocrates, & celui des Égoïstes, ou des hypocrites amis de la Révolution.

Une circonstance particuliere rendit ce dernier parti nécessairement nombreux dans cette Commune. La principale population d'Amboise consiste dans les hommes attachés à une sorte de *Fabrique*, qui fait son commerce & sa richesse. Or parmi les chefs de cette Fabrique, qui sont pour la plupart très-opulens, il a dû s'en trouver un grand nombre, qui n'ont pas toujours développé un amour bien ardent pour la Révolution. La suite des événemens prouvera jusqu'à quel point cette conjecture est fondée.

Cependant la faction des égoïstes devenoit de jour en jour plus puissante & plus active. Ils virent qu'il leur importoit d'accaparer toutes les places & sur-tout celles qui avoient été créées par les loix révolutionnaires; & ils employerent pour y parvenir, tous les moyens de séduction & jusqu'au masque du patriotisme, dont ils se couvroient. Alors on vit les riches dominer, à Amboise, dans presque tous les corps constitués; & le Sans-culotisme n'osa approcher des fonctions publiques.

Les deux Comités de Surveillance furent formés presque exclusivement, de propriétaires & de commerçans très-riches, d'hommes attachés à l'ancien régime, &c. Les *Fabricants* en composerent la plus grande partie, & pas un seul Sans-culotte n'y fut admis.

La Municipalité, créée à l'époque du renouvellement des Corps Administratifs, ne comptoit aussi dans son sein que des hommes riches, des ci-devant juges ou praticiens, des ex-nobles, des prêtres non mariés, & beaucoup de *Fabricants*. Les artisants en avoient été aussi bannis.

Le District, composé d'hommes plus Sans-culottes, fut le seul corps qui parut aimer la Révolution. Il échauffa par intervalles l'esprit public, & sut faire exécuter quelques-unes des Loix Révolutionnaires. J'étois membre du Conseil de cette Administration.

Je dois maintenant rendre compte des événements & des circonstances qui ont amené l'étrange révolution dont je suis la victime.

Il avoit existé pendant long-temps à Amboise une premiere Société Populaire, dont les principes étoient très-peu Révolutionnaires. Elle n'avoit point applaudi à la mort du tyran ; elle n'avoit point adhéré à l'insurrection du 31 mai; elle n'avoit pas répandu des pleurs sur la tombe de l'ami du Peuple ; elle avoit très-peu correspondu avec les Jacobins, ainsi qu'ils s'en sont plaint dans une lettre écrite à la nouvelle Société Populaire &c. Cette premiere Société étoit composée de ci-devant juges, de praticiens, d'agents seigneuriaux, de Fabricans, &c.

Plusieurs membres de cette Société, réunis à quelques Citoyens patriotes, en formerent vers le mois de mars 1793 (*vieux style*), une nouvelle, qui prit le nom de Société de Sans-culottes ; j'étois un des fondateurs de cette nouvelle Société. Elle obtint, par une exception honorable, pendant que la premiere existoit encore, son affiliation aux Jacobins ; elle adhéra de très-bonne heure & unanimement, à la révolution du 31 mai, & elle réunit dans son sein, pour cet acte solemnel, des commissaires de presque toutes les Municipalités du District ; elle honora la mémoire de Marat ; elle applaudit souvent aux travaux de la Convention. Elle étoit composée presque entiérement d'artisans, d'agriculteurs, en un mot de vrais Sans-culottes.

La premiere Société fut dissoute, dans le courant du mois brumaire, par les Représentants du Peuple près l'armée de l'Ouest. Des commissaires de la Société des Sans-culottes, qui étoient allés à Saumur, pour assister à un congrès formé de députés des Sociétés Populaires,
furent

furent porteurs de l'arrêté qui la supprimoit. J'ai besoin d'observer ici que je n'étois pas du nombre de ces commissaires.

Après la dissolution de la premiere Société, celle des Sans-culottes reçut dans son sein tous ceux de ses membres, qui lui parurent sincérement patriotes, & elle rejetta tous ceux qui s'étoient fait connoître par des sentiments royalistes ou modérantistes. La liste de ces derniers étoit très-nombreuse ; ces hommes furent vivement irrités de cette exclusion, & ils devinrent autant d'ennemis irréconciliables de la nouvelle Société.

Les Représentants près l'Armée de l'Ouest avoient créé en même temps un Comité Révolutionnaire Central dans le District d'Amboise. Mon frere, Administrateur du Directoire du District, en avoit été nommé président.

Ce Comité commença ses opérations, en ordonnant l'arrestation de plusieurs ci-devant nobles & parents d'émigrés, qu'il déclara *suspects*. Il ordonna ensuite celle de plusieurs Citoyens, pour la plupart fonctionnaires publics, qu'il déclara également *suspects*, pour des propos ou des actes contenus dans la Loi du 17 septembre.

Quelques-uns de ces hommes, qui avoient paru dignes d'éprouver la rigueur des Loix Révolutionnaires, ont exercé depuis une si grande influence sur l'état de la Commune d'Amboise & sur le sort des Patriotes, que je ne puis me dispenser de les faire connoître ici, au moins d'une maniere imparfaite, ainsi que les faits qui avoient pu motiver leur détention.

Parmi les hommes que le Comité Révolutionnaire Central avoit déclaré *suspects*, on distinguoit :

Cormier aîné, maire de la Commune d'Amboise, (1) très-riche propriétaire, ci-devant lieutenant des Eaux-&-Forêts, & juge du ci-devant Duché-Pairie d'Amboise, &c.

Legendre fils, Juge de Paix de la même Commune, (2) ci-devant Homme de Loi, ensuite Procureur de la Commune ;

Legendre pere, notaire, (3) ci-devant greffier des Eaux-&-Forêts, notaire apostolique, Agent de plusieurs ci-devant seigneurs ;

Guertin, Juge du Tribunal, (4) ci-devant procureur, ensuite notaire.

---

(1) Prévenu d'avoir assisté à des réunions d'Aristocrates, & de s'être réjoui avec eux des malheurs de la Patrie ; prévenu d'avoir négligé de faire arrêter un militaire qui avoit tenu les propos les plus contre-révolutionnaires, quoique son arrestation lui fût demandée par plusieurs Citoyens, &c.

(2) Prévenu, entr'autres choses, d'avoir dit, en parlant des troubles qui existoient dans la République, que *cela venoit de ce que nous n'avions plus de roi, & que nous ne serions jamais heureux, tant que nous n'aurions pas un roi.*

(3) Prévenu d'avoir empêché les fermiers de la veuve Bridieu, mere de plusieurs émigrés, de payer leurs fermages entre les mains du percepteur des Domaines Nationaux, & d'avoir reçu lui même ces fermages, en qualité d'agent de la veuve Bridieu.

(4) Prévenu, entr'autres choses, d'avoir dit, en parlant des brigands de la Vendée, peu de temps après la prise de Sau-

Dupré - Gillet, Président de l'un des Comités de Surveillance, riche marchand. (5)

Carreau - Boullet, Commandant de la Garde Nationale, riche marchand. (6)

Bessonneau, fils, Officier de la Garde Naionale, riche fabricant. (7)

---

mur, que s'ils venoient à *Bléré*, lieu de sa résidence, *il iroit au devant d'eux, les feroit boire, & leur désigneroit dix ou douze maisons à piller.*

(5) Prévenu d'avoir répandu avec affectation les mauvaises nouvelles, d'avoir dit que *c'étoit grand dommage d'avoir fait mourir le roi, que c'étoit un honnête homme*; d'avoir dit, au moment où Paris étoit menacé par les armées ennemies, que, *si elles y arrivoient, il s'agiroit de mettre bas les armes, & que tout seroit fini*

(6) Prévenu d'avoir favorisé l'évasion d'une fille accusée de propos contre-révolutionnaires, & qu'il avoit été chargé d'arrêter; d'avoir regretté vivement le tyran, & d'avoir dit à l'occasion de sa mort, en parlant de la Convention nationale dans un café : *Qu'ils viennent donc, les S...... gueux, que je prenne les armes pour eux*; d'avoir dit, en parlant d'un Citoyen marié, qui faisoit partie de la Garde Nationale d'Amboise, & qui étoit resté dans la Vendée pour combattre les rebelles, *qu'il faisoit bon d'être patriote, mais pas si chaud patriote, & qu'il s'en mordroit les ongles*, &c.

(7) Prévenu d'avoir dit dans un café, à l'occasion de la mort du tyran, que *ceux qui l'avoient fait mourir étoient des J.... F....*; d'avoir chanté dans une noce, avec d'autres muscadins, malgré l'opposition & les avertissements d'un Administrateur, la chanson *O Richard! ô mon roi!*

Veuve Alen, ci-devant noble, & veuve d'un Anglais, se disant comte. (8)

Damboise, ci-devant noble, Capitaine d'Infanterie, & Chevalier de Saint Louis. (9)

Dunoyer, graveur. (10)

---

(8) Mere d'un émigré, sœur du traître Behague, veuve d'un homme qui a été impliqué dans l'affaire de Lally : sa maison est notée dans l'opinion publique pour aristocrate. Cette veuve a élevé une jeune personne, au sort de laquelle Behague s'intéressoit.

(9) Prévenu de n'avoir pas remis sa croix dite de Saint Louis ; d'avoir préféré, étant Commandant de la Garde Nationale de sa Commune, de quitter sa place, plutôt que de prendre l'uniforme National : d'avoir combattu dans une assemblée générale de sa Commune, les efforts que faisoit un Administrateur, à l'époque de la fuite du tyran, pour inspirer aux Citoyens de la fermeté & du patriotisme ; &c.

(10) Prévenu, entr'autres choses, d'avoir dit dans une assemblée primaire de sa Section, tenue il y a dix-huit mois, *qu'il falloit que l'Assemblée Nationale fût éloignée de quarante lieues de Paris* ; d'avoir dit, en parlant de l'affaire du 10 août, *qu'il ne pouvoit croire que ce fût les Suisses qui eussent attaqué le Peuple, que c'étoit une troupe trop bien gouvernée, trop bien disciplinée, & que si le Peuple n'eût pas attaqué les Suisses, ils n'auroient pas tiré sur lui.*

Je ne finirai pas ces notes, sans prévenir que je ne trace ici qu'une foible esquisse des faits qui ont été déclarés sur le compte de ces hommes. Je renvoie pour de plus grands détails, aux registres du Comité de Sûreté Générale du District, à ceux du Comité Révolutionnaire, & sur-tout à l'opinion publique, qui peut bien être égarée ou enchaînée quel-

Toutes ces personnes avoient été déclarées *suspectes*, pour des faits graves, & dont la certitude étoit acquise. Il n'y avoit aucun de ces faits, qui ne fût positivement compris dans la Loi du 17 septembre, & qui ne fût, aux termes de cette Loi, un motif légitime de *suspicion*. Ainsi le Comité Révolutionnaire n'avoit rempli, en ordonnant ces arrestations, qu'un devoir rigoureux, mais indispensable.

Ces premieres opérations du Comité, répandirent la frayeur parmi les aristocrates & les royalistes d'Amboise. Ils craignirent de partager le sort de ceux qui avoient été *déclarés suspects* ; & leur fureur n'en devint que plus active & plus envenimée.

Les égoïstes & les hypocrites amis de la Révolution, tremblerent à leur tour. Ils redouterent l'énergie des principes du Comité, & ils ne furent pas rassurés par le masque dont ils avoient jusqu'alors couvert leur incivisme, & qui pouvoit être déchiré à chaque instant.

D'un autre côté, les membres des Corps Constitués parurent vivement irrités de ces détentions, qu'ils regarderent comme un outrage (*a*) qui leur avoit été fait dans la personne de leurs collègues, & qu'ils brûlerent de venger.

___

ques instants, mais qui tôt ou tard fait justice des intrigants & des aristocrates.

(*a*) C'est à cela qu'il faut rapporter l'assertion du Conseil-Général de la Commune, qui dit à cette époque, dans un arrêté, que rien n'étoit *sacré* pour le Comité Révolutionnaire

Tous ces hommes, dont les intérêts avoient été froissés par le Comité Révolutionnaire, ne virent que la nécescité de se réunir pour détruire ses opérations ou même son influence. Alors il se forma une coalition composée de tous les aristocrates, de tous les modérés, de tous les riches d'Amboise: séparés par des passions individuelles, ils furent tous unis par le soin commun de leur salut. L'objet le plus pressant de cette coalition fut de rendre la Liberté aux hommes *déclarés suspects*. Ce dessein fut secondé par l'activité des Corps Constitués, & sur-tout des Comités de Surveillance & du Conseil-Général de la Commune.

Je dois parler ici de la composition particuliere de ces Corps, & de l'influence qu'y exerçoient la plûpart des hommes *déclarés suspects*.

Le Conseil de la Commune, formé, comme je l'ai déjà insinué, d'ex-Nobles, de Prêtres non-mariés, de riches *Fabricans*, &c. étoit présidé par Cormier aîné, à qui le caractere de son esprit avoit donné un grand ascendant sur ses délibérations (*b*). On a dû savoir

---

parce qu'il avoit fait mettre le *Maire* en état d'arrestation, & qui prétendit que ce Comité n'avoit pas le droit de faire arrêter des *Fonctionnaires Publics*; & le mot si naïf d'un Officier Municipal, qui disoit: *Est-il possible qu'on ait mis un maire en état d'arrestation?*

(*b*) Cet homme qu'on avoit vu à l'époque de la formation du Club des Feuillants, opiner avec chaleur dans le sein de la Société Populaire d'Amboise, pour qu'elle se détachât des Jacobins, a su acquérir dans ces derniers temps, une grande

combien jusqu'à ces derniers temps, cette Municipalité a montré d'indifférence pour la Révolution ; & la Société des Sans-culotes a formé une longue liste des Loix Révolutionnaires, dont elle avoit négligé l'exécution. La plûpart des autres membres, attachés aux traces du *Maire*, ont dans tous les temps applaudi à ses opinions & partagé ses principes. Un grand nombre des membres du Conseil-Général étoient liés par le sang ou par des intérêts communs, avec presque tous les membres des Comités de Surveillance.

Les vingt-quatre membres qui composoient les deux Comités d'Amboise, avoient été pris hors de la classe des Sans-culottes. Ils étoient tous commerçants, praticiens, &c. Un de ces Comités, celui de l'Occident, comptoit jusqu'à cinq *fabricants* très-riches dans son sein; deux *notaires* dirigeoient ce Comité, qui s'est fait connoître depuis par son empressement à incarcérer les Patriotes. Presque tous les membres des deux Comités étoient parens entr'eux, plusieurs l'étoient aux dégrés interdits par la Loi ; ils l'étoient avec plusieurs des hommes *déclarés suspects*

---

popularité ; & il a été par son influence, le principal auteur des mouvements qui ont agité cette Commune. Rouhiere, secrétaire de Guimberteau, disoit en parlant de son arrestation, qu'elle étoit une honte pour la Commune d'Amboise, parce qu'une adresse, signée de 300 Citoyens, avoit attesté son civisme. On sait au reste, combien Rouhiere s'intéressoit au sort de ce Citoyen.

Carreau-Boullet, avoit dans ces Comités son pere, son beau-pere & un oncle : Bessoneau y avoit son pere : Guertin, juge, y avoit un ou plusieurs parens &c. Dupré Gillet étoit Président du Comité de l'Orient. On doit observer que ces hommes comptoient aussi des parens dans le Conseil-Général de la Commune. (*c*)

L'intérêt puissant qu'avoient fait naître parmi les membres de ces Corps des relations aussi multipliées, & le sentiment de leur propre danger les détermina à agir d'une maniere très-active en faveur des hommes *déclarés suspects*. Aussi-tôt que la détention du Maire eût été prononcée, la Municipalité convoqua les deux Comités de Surveillance, pour *délibérer avec elle* sur cette *arrestation*, contre le sens de la Loi qui détermine les fonctions des Comités Révolutionnaires. Cette convocation eut lieu trois fois différentes, quoique le décret qui casse l'arrêté de *la Municipalité de Paris, qui avoit ordonné la réunion des Comités Révolutionnaires dans son sein*, & qui rappelle les dispositions de la Loi du 17 septembre, fût connu.

(*a*) Les deux Comités de Surveillance, ont été fondus depuis en un seul ; mais la composition en est restée la même. On ne voit pas un seul Sans-culote dans la liste des membres de ce nouveau Comité : ce sont tous des hommes riches & très-riches ; & on y retrouve encore Dupré-Gillet, un des hommes *déclarés suspects*, Bessoneau, pere d'un de ces hommes, &c.

Dans

Dans ces réunions illégales, il fut arrêté que l'on demanderoit la liberté du *maire* & de six *autres* détenus, que les opérations du Comité Révolutionnaire Central seroient dénoncées aux Comités de Salut Public & de Sûreté Générale de la Convention, & que le Président seroit particuliérement dénoncé comme un homme immoral & *ambitieux*.

Deux Députés, choisis dans le sein de la Municipalité, furent chargés de suivre l'exécution de ces arrêtés. Ils porterent d'abord leurs réclamations à Guimberteau, qui étoit alors à Tours, & qui crut sans doute que la loi ne lui permettoit pas d'y satisfaire. A leur retour, les *trois corps réunis* demanderent au Comité Révolutionnaire de leur expliquer les motifs de l'arrestation du *maire*, avant qu'ils *prissent un parti*. Le Comité répondit que le *maire* ayant été *déclaré suspect*, & les motifs de sa détention ayant été envoyés, d'après les dispositions de la Loi, au Comité de sûreté générale de la Convention, il y avoit lieu, sur la demande des *trois corps réunis*, de passer à l'ordre du jour.

Les deux Députés se rendirent aussi-tôt auprès de la Convention Nationale, à laquelle ils présenterent une pétition, au nom de la Commune, pour lui demander la liberté du *maire seulement*. La discussion que cette pétition fit naître, donna lieu au Décret du 17 Frimaire.

Les détails que je viens d'exposer, sembleroient devoir m'être étrangers, puisque je ne faisois partie

C

d'aucun des corps dont je viens de tracer la conduite, & puisque je n'ai point figuré dans cette routte longue & pénible du patriotisme & de l'aristocratie. Mais comme j'ai été écrasé depuis par le triomphe des aristocrates, & qu'ils m'ont jugé digne d'être persécuté par eux, je ne puis me dispenser de faire voir par quelles manœuvres ils ont obtenu sur les patriotes un succès aussi affligeant qu'inespéré.

La coalition s'apperçut bientôt que le décret du 17 Frimaire seroit insuffisant pour remplir ses vues, tant que les patriotes auroient pu surveiller son exécution. En effet, ce Décret concerne seulement les hommes qui ne sont pas *compris* littéralement dans la Loi du 17 septembre ; & les délits pour lesquels les hommes *déclarés suspects* avoient été arrêtés, étoient tous contenus d'une maniere littérale & positive dans cette Loi ; ils étoient d'ailleurs appuyés ou sur des informations judiciaires, ou sur des déclarations qui sembloient porter tous les caracteres de l'authenticité. Il fallut donc altérer l'application de la Loi, en paroissant l'exécuter : & pour cela, il fallut tromper le Représentant du Peuple avec assez d'art pour que la vérité ne pût arriver jusqu'à lui.

Pour obtenir cet effet, la coalition conçut un projet hardi, & dont l'exécution sembloit impraticable. On résolut de faire peser les Loix Révolutionnaires sur ceux qui avoient voulu leur exécution, & de perdre les patriotes les plus chauds, en tournant contre eux les amis même de la Révolution. C'est à cette époque que commencent les persécutions actives que les aristocrates ont dirigées contre moi, & qu'ils ont suivies depuis avec une constance opiniâtre.

Ces persécutions n'attendirent pour éclater que la suppression du Comité Révolutionnaire, effectuée en vertu de la Loi du 14 Frimaire. Le jour même de cette suppression, un membre de ce Comité fut arrêté, par ordre du Comité de Surveillance de l'Occident, pour un propos, en qui on affecta de trouver un délit. Quelques jours après, le même Comité mit en état d'arrestation mon frere, moi & Lenoir, Citoyen connu par la chaleur de ses sentimens patriotiques.

Ces premieres opérations des Comités de Surveillance avoient été précédées de quelques circonstances qu'il est à propos de faire connoître.

Deux jours avant mon arrestation, Rouliere étoit venu à Amboise, avec le général Desclozeaux. Après une opération, qui avoit pour objet de briser les signes extérieurs du fanatisme, il parut à la Société Populaire. Il y parla longuement de quelques *Intrigans* que la Commune d'Amboise renfermoit dans son sein; il dit qu'il y auroit contr'eux des ordres du Comité de Salut Public, qu'il venoit de faire punir d'autres Intrigans à Tours, &c. : dans un moment d'emportement, il déchira les pouvoirs que Guimberteau lui avoit confiés pour l'objet de sa mission,

& il en déposa les morceaux sur le bureau. Le soir de ce jour, à un souper où j'étois, il dit, à plusieurs reprises, qu'il y avoit eu à la Société Populaire un mouvement dont l'objet étoit de l'assassiner.

Le lendemain, une troupe nombreuse fut commandée pour garder toutes les avenues de la commune, sous prétexte de favoriser certaines visites domiciliaires. Le soir, je fus arrêté en me rendant à la Société Populaire.

Je dois faire deux observations qui peuvent jetter quelque jour sur les véritables causes de mon arrestation. La premiere, c'est qu'à l'époque où je fus arrêté, il n'y avoit aucune déclaration reçue, même la plus légere, qui inculpât mon civisme ou mon administration. Malgré la foule des ennemis que je m'étois faits, aucun n'avoit encore osé me supposer des délits. La seconde, c'est que l'arrêté qui ordonnoit mon arrestation, ne contenoit que des imputations absolument vagues ou fausses. L'un des faits allégués étoit même d'une impossibilité physique: on m'accusoit d'avoir pris une part active à la suppression de la premiere Société Populaire, tandis qu'avant cette suppression, opérée à Saumur, & même long-tems après, j'étois retenu au lit par une maladie qui a mis mes jours en danger.

Lorsque mon arrestation eût été effectuée, on vit se développer successivement toutes les parties du système persécuteur de mes ennemis.

La Loi du 17 Frimaire ordonne aux Comités de Surveillance de faire passer dans les 24 heures aux Représentans du Peuple, qui sont dans les Départemens, les motifs de l'arrestation des gens arrêtés par mesure de sûreté. Mais les motifs allégués par le Comité de Surveillance d'Amboise auroient pu paroître vagues ou insignifians. La nécessité de me trouver des crimes fit passer par-dessus la Loi, & elle resta sans exécution.

Ce tems fut employé utilement par mes ennemis. On commença par répandre dans le public des doutes sur ma conduite administrative. On déclara ensuite que j'avois commis des crimes, & que j'étois un homme *perdu*. En même tems on ameutoit contre moi la foule des ennemis que je m'étois faits par ma fermeté & mon courage à faire exécuter les Loix. On scruta avec soin toutes les circonstances de ma vie & mes discours les plus intimes, pour y découvrir de quoi me faire paroître coupable. Les actions les plus innocentes, les propos les plus indifférens, furent présentés comme des délits dignes de la sévérité des Loix. On alla jusqu'à travestir en crimes, des propos philosophiques, que j'avois tenus à des hommes qui ne les avoient pas compris & qui étoient sans doute indignes de les comprendre (*d*). La fureur

---

(*d*) Je suis forcé de citer devant l'opinion publique un prêtre qui a eu, dit-on, l'infamie de me dénoncer comme lui ayant dit qu'il *falloit être faux par principe*, tandis

de me dénoncer étoit telle que, pendant plus de quinze jours, le Comité de Surveillance de ma section fut presque exclusivement occupé à recevoir des déclarations contre moi & contre mon frere.

Pour réussir complettement dans cette manœuvre, il fallut répandre la terreur. On avoit incarcéré, en même tems que moi, un Citoyen patriote : bientôt on publia des listes nombreuses de ceux qui devoient l'être. On chercha surtout à effrayer, par la crainte d'une destitution prochaine, ceux des Fonctionnaires publics qui n'osoient pas encore mentir à leur conscience. Enfin, on annonça comme certaine, la sortie de ceux qui avoient été *déclarés suspects*.

Les armes du ridicule servirent aussi les projets de mes ennemis & entrerent dans leur plan. Ils composerent contre les patriotes qu'ils avoient fait incarcérer, plusieurs chansons (*e*) grossieres à la vérité, mais à la portée de ceux à qui ils avoient intention de les faire

---

que je lui avois dit, en interprétant une opinion de *Rousseau* sur la corruption des hommes en société, *que tout étoit faux dans la société, & qu'on ne pouvoit y réussir sans être faux*. Ce prêtre, qui a si mal compris J. J. Rousseau, est Pillerault, ci-devant supérieur d'un séminaire de Lazaristes, frere d'un autre prêtre, qu'on a dit émigré, & de Pillerault, Officier-municipal.

(*e*) Qu'on juge de la bonté d'une cause qui s'étaie sur de pareils moyens, ou plutôt qu'on décide avec impartialité de quel côté sont les véritables *Intrigans*.

chanter. Ils cherchoient ainsi à *populariser* leur haine & à rendre ridicules aux yeux des estimables Sans-culotes, ceux en qui ils avoient toujours vu des freres & des amis.

Un système aussi profond & suivi avec tant d'art & de constance, produisit son effet. La terreur gagna presque tous les esprits, & bientôt on *reçut* contre moi toutes les déclarations qu'on *voulut*. Je parus tout-à-coup chargé de délits *ignorés* jusqu'alors; & peu s'en fallut, dans cette effervescence, qu'on ne me crût un vrai contre-révolutionnaire. Les idées sur la nature des choses changerent bientôt. Les aristocrates furent des hommes que l'on devoit plaindre & sauver à quelque prix que ce fût ; & ceux qui les *persécutoient* furent regardés comme des hommes odieux. On travestit la dénonciation civique en crime, & les hommes qui avoient eu le courage de déclarer les faits inciviques qui étoient à leur connoissance, tremblerent d'être poursuivis ; quelques-uns même furent menacés (*f*) de l'être devant les Tribunaux.

―――――――――――――

(*f*) J'ai la preuve positive, qu'un Citoyen, qui avoit déclaré sur un autre un fait qui étoit à sa connoissance, a été menacé vivement par un parent de ce dernier d'être poursuivi devant les Tribunaux, s'il ne se *rétractoit* pas, ainsi que *l'avoit fait* un autre qui avoit déclaré le même fait. Ce Citoyen eut le courage de ne vouloir pas se parjurer, & l'homme aux menaces ne remporta que la honte d'une violence inutile. Ce fait, & quelques autres, que je rendrai publics quelque jour, jetteront une grande lumiere sur les complots obscurs de mes lâches ennemis, & sur les manœuvres par lesquelles ils ont cherché à me *perdre* pour *se sauver*.

Il paroît que c'est à cette époque, ou à-peu-près, que furent faites les rétractations de plusieurs faits qui avoient été déclarés en différents temps, soit devant l'Administration du District, soit devant le Comité Révolutionnaire Central. On croira sans peine qu'elles furent dictées par une fausse pitié, ou par la terreur que surent inspirer ceux qui les sollicitèrent. Mais je ne puis me défendre d'une réflexion ; c'est qu'il falloit que mes ennemis fussent bien pressés par le sentiment de leurs crimes, pour recourir à des manœuvres aussi grossières, & qui portent visiblement l'empreinte de l'imposture & de l'intrigue.

Cependant ils essayerent de donner à ces rétractations un air de vraisemblance, & ils projetterent en même tems de leur attacher une plus grande utilité. Pour cela, ils firent dire par ceux qui les faisoient, que leurs déclarations avoient été *surprises* ou *forcées* par les Administrateurs qui les avoient reçues. Ils trouverent ainsi le moyen de m'inculper pour une déclaration qui concernoit le *Maire*, déclaration qui avoit été faite en présence de tous les Administrateurs, & que j'avois souscrite de ma signature. (*g*)

_____

(*g*) C'est ici que l'atrocité se joint au ridicule. On m'accuse d'avoir altéré les *termes* d'une déclaration que j'avois reçu en présence de tout le conseil du District, & contre laquelle ni la jeune personne qui l'avoit faite, ni aucun des administrateurs n'ont réclamé pendant six mois. Mais, outre les preuves qui naissent pour moi de la déclaration elle-même & de ses

Tous ces

Tous ces moyens n'auroient pas suffi aux projets de mes ennemis, tant que la Société Populaire auroit conservé son énergie. Elle auroit pu à chaque instant dévoiler leurs intrigues ; elle avoit même tenté de de faire parvenir la vérité à la Convention Nationale & aux Jacobins, par une adresse révêtue de 150 signatures, & dont l'envoi fut retardé, parce qu'un fait qui y étoit contenu, se trouva inexact. Aussitôt le projet de sa réorganisation fut conçu & exécuté.

On avoit déjà calomnié cette Société vraiment Sansculote, on l'avoit peinte comme un ramas de séditieux, tandis qu'elle étoit composée de la masse vertueuse & pure du Peuple. On l'avoit accusée de favoriser le fanatisme, tandis qu'elle n'avoit pas cessé de prêcher le culte de la

---

circonstances, & qui forcent l'assentiment, je montrerai d'autres preuves écrites ; & alors la turpitude de mes ennemis sera connue.

Je ne puis m'empêcher d'observer ici que le *Système* des rétractations à été porté par mes ennemis, à un dégré d'audace, dont il n'y a pas d'exemple. On a arraché ces rétractations par la *surprise*, la *séduction* & sur-tout la *terreur*. On a cru sans doute qu'il suffisoit de les obtenir & de s'en servir momentanément, & qu'un oubli éternel ensévelîroit ensuite ces manœuvres ténébreuses. Mais ces faits sont déjà connus en partie ; & des délits qui ont pour objet de sauver des aristocrates *coupables*, & de perdre des patriotes *innocens*, intéressent trop essentiellement la sûreté publique & la révolution, pour qu'ils puissent rester long-temps ignorés & impunis.

Je demande pardon à mes lecteurs de les traîner si souvent sur des détails fatigants : mais je ne trouve à chaque pas que des crimes à dévoiler ou des mensonges à réfuter.

D

Raison ; on lui avoit reproché une commission temporaire, destinée à l'épurer, tandis que cela n'avoit été institué qu'a l'imitation de ce qui étoit pratiqué dans quelques Sociétés voisines. Trompé par ces insinuations, Le Représentant du Peuple proposa à cette Société une réorganisation, dont il lui indiqua le mode.

Ce mode étoit sage sans doute : mais les intrigants en abuserent (*f*). Ils s'emparerent d'une partie du Peuple, & ils accaparerent ses suffrages. La preuve qu'ils surent éblouir & tromper le Peuple, c'est que dans le nombre des neuf membres élus par lui, & qui devoient, avec trois Commissaires nommés par le Représentant, former le premier noyau de la Société, on ne trouve que des ci-devant

---

(*f*) Si l'on doutoit de l'influence qu'ont eue certaines personnes sur les changemens opérés dans le club, on en seroit convaincu par le mot d'un officier-municipal, qui quelque tems avant cette réforme, disoit ingénuement à un Citoyen, en présence de plusieurs autres : *nous travaillons à faire supprimer la Société des Sans-culotes.*
Un fait minutieux prouvera encore que les *intrigans* savoient par avance jusqu'où iroit le changement projetté dans la Société Populaire. Le jour même où arriva l'arrêté du Représentant du Peuple, relatif à la réorganisation de cette société, je reçus dans le lieu même de ma détention une lettre pseudonyme & d'une écriture contrefaite, dans laquelle on me disoit, entr'autres choses, que le club des Sans-culotes étoit *cassé*. J'ai eu tout lieu d'être convaincu que cette lettre, que je conserve, étoit une gentillesse d'un des hommes *déclarés suspects*, qui me l'avoient fait remettre sous un nom emprunté,

juges ou hommes de palais, des fonctionnaires publics, des hommes riches, & pas un seul artisan. On y trouve encore un homme qui avoit été expulsé depuis peu de la Société, vraiment patriote, d'une Commune voisine d'Amboise, de la Commune de Saint Martin-le-beau. Des trois Commisaires, qui présiderent à cette opération, deux étoient ci-devant praticiens: ces Commissaires, à l'exception d'un, avoient été choisis hors du sein de la Société: il en est de même des neuf membres qui furent élus par le Peuple.

Ce noyau ainsi formé, s'adjoignit un certain nombre de membres, qu'il désigna parmi ceux qui partageoient ses opinions & ses intérêts. Alors on vit éclore une nouvelle Société, qui ne retint de Sans-culote que le nom, & dans laquelle les Patriotes ardents & fermes furent en très-petite minorité. Mais, par une politique habile, on crut devoir admettre tous les membres de la Société des Sans-Culottes, qui ne parurent point trop suspects par la chaleur de leur patriotisme. Enfin, pour consommer cette étrange métamorphose, on appella & on reçut tous les membres de la Société qui avoit été supprimée par les Représentants près l'armée de l'Ouest.

La coalition, armée de tous les moyens qu'elle avoit rassemblés, crut que le moment étoit venu d'opérer la liberté des hommes *déclarés suspects*. On entoura le Représentant de tous les prestiges de la séduction & de l'intrigue; on atténua les délits des détenus; on fit valoir sur-tout les *rétractations* qui avoient été forcées ou mendiées en leur faveur. En même temps on noircit la conduite des auteurs de leur détention, & on chercha à intéresser pour eux, en peignant sous des couleurs odieuses, ceux qu'ils regardoient comme leurs ennemis. Le Représentant prononça d'abord l'élargissement du *Maire*, & ensuite celui de deux autres détenus.

Cependant un mémoire que j'avois adressé au Représentant du Peuple, environ quinze jours après mon arrestation, fut renvoyé par lui au Comité de Surveillance de ma section, & à l'Administration du District réunis, pour répondre aux faits qui y étoient contenus, & pour *donner es motifs de ma détention*, *que le Représentant ignoroit encore*. Ces deux Corps se réunirent, & firent une réponse qui porte l'empreinte de la passion, & dans laquelle il paroît que les faits furent altérés de maniere à faire disparaître entiérement la vérité.

La conduite du Comité de Surveillance s'explique naturellement par la *partialité* qu'il avoit montrée en ordonnant mon arrestation, & en différant pendant un long espace de temps d'en envoyer les motifs. Mais celle du District ne peut s'expliquer que par le système de *terreur*, qui paroît avoir dominé quelques administrateurs, (g) & influencé leurs opinions.

(g) On aura peine à imaginer que des Administrateurs ayent pu se porter par un pareil motif à commettre une lâcheté honteuse. Mais ceux qui connoissent les *effets de la peur*, & qui auront observé la marche astucieuse de mes ennemis, croiront à la vérité de cette assertion, prouvée d'ailleurs par la *contradiction* qui existe entre le langage que tint à cette époque l'Administration, & celui qu'avoient tenu quelques jours auparavant, plusieurs Administrateurs.

Il est curieux d'observer que ceux des Administrateurs qu'on

Quelques jours après, des Commissaires ayant été chargés de recueillir de la bouche des Administrateurs & même des commis de l'administration, des notions particulieres sur la conduite administrative de mon frere & de moi, des déclarations violentes, & où cependant la vérité étoit défigurée d'une maniere insidieuse, furent faites contre moi. Elles portoient sur des détails obscurs d'administration, qu'il a paru fort facile d'altérer, & sur des actes, louables en soi, mais dont on a empoisonné l'intention. Ces déclarations furent présentées sur-tout par Haren, agent national, Cullere, secrétaire, Gautier, sous-secrétaire, Foucher & Hurtault, ci-devant Administrateurs du Directoire, &c.

Ces déclarations peuvent paraître imposantes par le caractere de ceux qui les ont faites; mais je prouverai qu'elles tiennent au sytême formé contre moi par la coalition. Je prouverai, par des faits positifs, qu'elles ont été dictées par la passion, (*h*), l'intérêt ou la terreur. Je prouverai enfin qu'elles ont été démenties par les témoignages que

---

peut le plus soupçonner de s'être prêtés à cette manœuvre, dans la crainte, sans doute, d'une *destitution prochaine*, & qui ont par-là rendu des services importants à mes ennemis, ont été depuis, sinon destitués, du moins expulsés de l'Administration. C'est ainsi qu'on brise un instrument, lorsqu'il est devenu inutile.

(*h*) Un homme très-instruit dans les secrets de l'Administration, & qui a fait lui-même des déclarations très-graves contre moi, a dit, que si je n'eusse pas *dénoncé* l'agent national, dans mon mémoire adressé à Guimberteau, cet agent national n'auroit pas fait de *déclarations* sur mon compte.

plusieurs de ceux qui les ont faites ont rendus, soit verbalement soit par écrit, (*i*) à mes principes & à mes actions.

Un nouvel incident donna à la coalition l'occasion d'exercer sa politique désastreuse. Quelques Patriotes, indignés sans doute de l'art cruel avec lequel on m'avoit calomnié, crurent devoir faire entendre leur voix à Ichon, qui étoit alors à Tours, & qu'on disoit investi de pouvoirs illimités. Ils signerent une pétition simple & courte, qu'on devoit adresser à ce Représentant, & qui attestoit seulement mon civisme & celui des Patriotes détenus avec moi. Cette pétition fut bientôt revêtue de nombreuses signatures. La coalition, qui veilloit avec soin à ce que la vérité ne pénétrât par aucune voie, fit arrêter cette adresse, sous le prétexte qu'une formalité exigée par la Loi, celle de prévenir la Municipalité, avoit été négligée. Mais la coalition sut tirer un grand parti de cette négligence, dont l'intention n'étoit sûrement pas blâmable, & qui devoit être excusée dans des hommes dont la plûpart étoient des artisans. On mit en état d'arrestation un certain nombre de ceux qui avoient signé cette adresse : mais, par une distinction dont je laisse à apprécier les motifs, on préféra

---

(*i*) Je me conteuterai de citer ici l'exemple de Foucher, qui, quelques jours après mon arrestation, disoit en parlant de de mon frere & moi ; *qu'il étoit beau de souffrir ainsi pour la Liberté, & qu'il voudroit être à notre place.* Ce même Foucher a fait, dit-on, contre nous des déclarations atroces.

ceux dont le patriotisme plus ardent & plus ferme pouvoit faire craindre l'influence, dans un moment où l'on suivoit avec ardeur les *opérations* déjà commencées sur la Société Populaire. Ainsi on incarcéra onze Citoyens, presque tous peres de famille, qui avoient déployé dans tous les temps un amour ardent pour la Révolution, & dont l'un avoit combattu long-temps avec honneur dans la Vendée (*k*). Il est vrai que ces Citoyens ont obtenu depuis leur liberté, qui leur a été accordée par Guimberteau (*l*); mais ce n'est qu'après que les hommes *déclarés suspects* ont été élargis & lorsque les *opérations* relatives à la Société Populaire ont été consommées. Quelques-uns d'eux ont même été condamnés à une détention prolongée.

―――――――――――――――――――――――――――

(k) Ce citoyen, qui se nomme Cantié, pere, est le même à qui Carreau, l'un des hommes *déclarés suspects*, disoit, ainsi qu'on l'a vu plus haut, qu'il *étoit trop chaud patriote, & qu'il se mordroit les ongles*, pour être resté à la Vendée. Ce rapprochement suffiroit pour faire juger entre les deux partis qui semblent partager Amboise, & dont celui qui est aujourd'hui *victorieux* a l'insolence de se dire patriote.

(l) Je ne puis trop répéter que Guimberteau est un homme vertueux & patriote : mais on l'a trompé sur le compte de plusieurs individus & sur l'état de la Commune d'Amboise. On lui a peint comme des patriotes, des intrigants hardis & adroits, & comme le vœu libre des citoyens, un vœu arraché par la terreur, ou suggéré par une intrigue habile, dont on lui cachoit avec soin les ressorts. Les faits contenus dans ce mémoire, & bien d'autres encore, que je développerai dans la suite, sont la preuve complette de cette vérité.

Une des circonstances qui expliquent le plus clairement le systême d'oppression & d'intrigue qui a été dirigé contre moi, sont les véxations qu'on m'a fait éprouver dans le lieu même de ma détention. Je ne parle pas des précautions qu'on a prises depuis le premier instant de mon incarcération, pour me dérober la vue des personnes qui m'étoient les plus cheres, au point qu'on a plusieurs fois refusé une carte d'entrée à ma sœur, la seule de mes parens qui ne se fut point liguée avec mes ennemis: je ne dirai pas que des personnes cruelles ont voulu la détourner de me porter des consolations & des secours; que Pillerault, Officier-Municipal, lui reprocha *faussement* en ma présence d'avoir remit à Guimberteau, des papiers servant à ma justification: je ne raconterai pas bien d'autres faits qui sont la honte de mes ennemis: je ne dirai pas que les précautions extraordinaires & dures, qu'on prenoit envers moi, contrastoient d'une maniere frappante avec l'indulgence qu'on y montroit pour de Contre-Révolutionnaire, mais je ne puis m'empêcher de raconter quelques faits d'une injustice révoltante & qui peindront l'esprit de la cabale qui me persécute.

Quelque tems avant l'arrivée de Guimberteau dans la Commune d'Amboise, des Commissaires des deux Comités de Surveillance, vinrent dans ma chambre, à neuf heures du soir, accompagnés de la force armée & saisirent tous les papiers appartenants à moi & à mon frere. En vain je reclamai la propriété de papiers,
qui

qui, servant à ma défense, devoient avoir pour eux quelque chose de sacré : en vain je les redemandai quelques jours après par une péti.ion; les Comités furent sourds à ma voix, & je n'ai pas revu depuis mes papiers. Si l'on réfléchit sur l'époque à laquelle fut commise cette vénation, on croira sans peine qu'elle n'avoit pour objet que de m'empêcher de faire parvenir au Représentant, par des écrits, la vérité qu'on cherchoit à couvrir pour lui d'un nuage impénétrable. (*aa*)

Guimberteau, pendant son séjour à Amboise, crut devor visiter la citadelle, où étoient les détenus; tous ceux qui l'habitoient soupiroient après sa présence ; tous s'attendoient à voir le dépositaire de l'autorité Nationale : mais tous furent renfermés, & les Patriotes avec plus de dureté que les autres. Cet ordre, que l'on peut croire supposé d'après la bonté connue du caractere de Guimberteau, fut exécuté par Carreau. (*bb*)

Ce fut pendant le séjour de Guimberteau à Amboise que la cabale s'agita avec le plus de violence pour tromper la religion de ce Représentant. On employa les couleurs les plus odieuses pour me noircir auprès de lui & les moyens les plus vils pour provoquer sa haine contre moi. Je ne raconterai point les détails de cette

---

(*aa*) Parmi ces papiers étoit aussi une Pétition que je devois présenter à Mogue & à Barraux.

(*bb*) Une seule Captive, la veuve Alen, sortie de son appartement, cria : *vive la République* ! & elle fut rendue à la Liberté.

intrigue coupable & des scênes qui l'accompagnerent (*cc*) : mais je ne puis m'empêcher de rappeller qu'à la table même du Représentant, l'Agent Nationale de la Commune osa chanter une de ces chansons grossieres qui avoient été faites contre moi (*dd*), & qu'il ne cessa que lorsqu'il fut averti de l'horrible indécence de sa conduite.

(*cc*) Je dirai seulement qu'un Juge du Tribunal d'Amboise a déclaré en présence de vingt personnes, que dans le lieu même où le représentant faisoit ses opérations, Rouhiere avoit tenté d'enlever sa femme, & qu'elle ne fut préservée de sa violence que par la présence de la force armée. Je supprime d'autres détails dont le scandale est trop grand & qui ont sans doute été ignorés de Guimberteau.

(*dd*) Je dois rendre compte ici d'une particularité piquante. le premier couplet de cette chanson étoit ainsi conçu :

  Les deux Gerboins avoient promis
  De faire enfermer nos amis ;
  Mais leur coup a manqué
  Grâce au bon Député ; &c.

Mais il fut chanté de cette maniere.

  Les deux Gerboins avoient promis
  De faire enfermer nos amis ;
  Mais leur coup a manqué
  Grâce à l'ami Rouhier ; &c.

Ce changement, qui attribuoit à Rouhiere la *Liberté* des hommes *déclarés suspects*, étoit analogue à un mot de Rouhiere lui-même qui dit à la femme d'un de ces hommes en l'abordant : hé bien es-tu contente que je *t'aye rendu* ton mari ?

En même tems qu'on me décria auprès du Représentant du peuple, on sollicita plus vivement en faveur des hommes *déclarés suspects*. On mit sur-tout sous ses yeux les moyens de justification qu'ils avoient *eu l'art* d'obtenir. Déjà trois d'entr'eux étoient élargis l six autres obtinrent leur liberté, & je restai dans les fers.

Ces hommes, sortis de la Citadelle d'Amboise, innonderent bientôt la Société Populaire & la subjuguerent. Ils y porterent leurs passions, la colere, la haine, la soif de la vengeance; & ils finirent par diriger son esprit & ses mouvemens. On sera peu surpris de ce changement, si l'on se rappelle la composition nouvelle de cette Société (*ee*), & si l'on songe que les

---

(*ee*) On se souviendra qu'à l'époque de la réorganisation de la Société des Sans-culotes, le premier noyau, qui avoit été pris en partie hors de son sein, fut composé d'hommes de l'ancien régime & que les premiers membres ont été choisis par eux : on se souviendra que la premiere Société, qui avoit été supprimée à cause de son incivisme, par les Représentans près l'Armée de l'Ouest, a été fondue dans la derniere : on se souviendra que les hommes *déclarés suspects* pour leurs sentimens royalistes & contre-révolutionnaires, sont les chefs & les principaux *influenceurs* de cette Société : mais ce que je n'ai pas dit, c'est qu'elle renferme actuellement dans son sein plus de 40 *membres*, contre lesquels il a été fait, à différentes époques, des déclarations pour des *actes* ou des *propos* inciviques ; qu'elle compte plusieurs prêtres non-mariés, &

hommes qui s'en déclarèrent les chefs, crurent devoir affecter un Patriotisme ardent pour mieux tromper les Sans-culottes qui en faisoient partie.

On doit croire aisément que le système d'intrigue & de terreur qui s'étoit répandu dans la Commune d'Amboise, ne tarda pas à s'introduire aussi dans la Société Populaire, dominée par mes cruels ennemis. Une circonstance importante y manifesta bientôt les effets de ce système.

Guimberteau, sorti d'Amboise, voulut y épurer les Autorités Constituées. Il consulta sur cette épuration la Société Populaire. (*ff*) mes ennemis, qui

---

plusieurs ci-devant nobles; que presque tous les hommes riches de la Commune s'y sont introduits, & qu'ils ont déjà expulsés plusieurs Sans-culotes, dont l'énergie les importunoit; qu'un délit contre-révolutionnaire qui avoit été commis dans la commune d'Amboise, celui d'une insulte faite au bonnet rouge, & du projet formé d'abattre l'arbre de la Liberté, ayant été dénoncé plusieurs fois dans son sein, elle a passé à *l'ordre du jour*, &c. &c. On voit, par cette foible esquisse, combien cette Société ressemble peu à la Société des Sans-culotes, à laquelle elle s'est substituée & dont elle a osé, pendant quelque tems, prendre le nom; Société qui étoit composée presque entièrement d'artisans & d'agriculteurs, qui avoit écarté avec soin de son sein les arristocrates & les modérés, & qui par son républicanisme austere avoit mérité plus d'une fois les éloges de la Société des Jacobins.

(*ff*) Il avoit épuré lui-même, pendant son séjour, la Municipalité : mais il n'avoit pas consulté la Société Populaire.

étoient les principaux influenceurs de la Société, saisirent cette nouvelle occasion d'exercer leurs vengeance.

Pour cela ils déployerent tous les ressorts dont ils s'étoient déjà servi avec tant d'avantage. Ils échaufferent les esprits de la violence de leurs passions, en même tems qu'ils les intimiderent par des moyens concertés avec art (*gg*). Ils persuaderent alors aisément qu'il falloit demander ma destitution, & même mon envoi aux Tribunaux. La Société, docile à l'impulsion qu'elle recevoit de ses chefs, fit tout ce qu'on voulut; & une très-grande majorité prononça ma destitution des fonctions d'administrateur du District & de juge du Tribunal, & mon envoi aux Tribunaux Révolutionnaires.

(*gg*) Je ne citerai ici que deux faits, mais qui acheveront de prouver le système de *terreur* dont j'ai déjà parlé plusieurs fois.

Dans la délibération qui eut lieu pour ma destitution, un citoyen ayant voté pour que je fusse *renvoyé à mes fonctions*, un des *Influenceurs* sut si bien l'intimider, en lui demandant avec affectation *ce qu'il entendoit par là*, que ce citoyen, pour ne point s'attirer la haine de la coalition, se rétracta & vota pour ma *destitution*.

Un jeune citoyen ayant osé, dans le cours de la discussion, me défendre sur un fait qu'on m'imputoit faussement, fut accosté à la porte de la société, par deux *dragons* qui le menacerent de coups de sabre, s'il continuoit à parler *en ma faveur*. Ce fait a été déclaré en présence de six ou huit personnes.

On prononça en même tems la destitution de mon frere des fonctions de membre du Directoire, & son envoi aux mêmes Tribunaux.

Les séances où ces résolutions furent prises, offrent des circonstances remarquables. La fureur de nos ennemis, cest-à-dire des hommes qui avoient été détenus, étoit telle que notre perte complette étoit la seule expiation qui pût les satisfaire. Les dénonciations se pressoient en foule: elles étoient graves, incohérentes, absurdes, aucunes d'elles n'étoient discutées avec soin ; & la Société les adoptoit avec empressement. Enfin les mouvemens les plus impétueux se manifestoient contre nous ; & un membre osa demander l'une de nos deux têtes *pour jouer à la boule*, sans que la Société s'occupa de reprimer cette fureur atroce.

Enfin Guimberteau, trompé par ces intrigues, se rendit aux vœux de la Société Populaire. Il prononça notre destitution, & notre envoi aux tribunaux Révolutionnaires: mais il laissa au Comité de Surveillance d'Amboise, à déterminer le Tribunal auquel nous devions être envoyés. quelques jours après Guimberteau partit pour une autre destination.

Mogue, Commissaire du Comité de Salut Public, informé de l'acharnement avec lequel on nous poursuivoit, ordonna au comité de surveillance d'Amboise, de surseoir à cette désignation, & quelques jours après Barraux, commissaire national lui réitéra cet ordre. Le comité d'Amboise n'en parut que plus empressé à faire ce choix: & il nous envoya sur le champ à la commission militaire de Tours.

Mais un décret de la Convention Nationale, rendu le 5 ventose, a prononcé un sursis à toute procédure, & ordonné le renvoi de notre affaire à Francastel, Représentant du peuple, chargé de l'épuration des autorités constituées dans le Département d'Indre & Loire.

J'attends avec confiance la décision de ce Représentant. Ses lumieres, sa fermété républicaine, tout m'assure que les nouveaux complots ( ) de mes ennemis seront déjoués, & qu'il saura prévenir les fureurs d'une cabale qui n'a voulu me perdre, que parce que je suis ami de la révolution.

J'ai dévoilé une intrigue, qui a opprimé la liberté dans la Commune d'Amboise; & je l'ai dénoncée à l'indignation & à la surveillance de tous les amis de la révolution. Je n'ai point cherché à imprimer la honte sur le front de mes ennemis : je n'ai cherché qu'à sauver la chose publique, des dangers qui la menacent. Je n'ai pas voulu souiller ce mémoire par des personnalités; mais les faits qu'il présente, & qui forment un sys-

―――――――――――――――――――

( ) J'apprends que plusieurs chefs de la coalition ont quitté, dès le moment où le décret de la convention nationale à paru, leurs fonctions & leur poste, pour se rendre auprès de Francastel, à Nantes ; sans doute, pour le prévenir, s'il étoit possible, contre moi, tandis que je suis dans les prisons de la commission militaire. On auroit peine à croire à cet acharnement, si l'on ne connoissoit le caractere *intrigant* de mes ennemis. Mais l'équité sévere du Représentant saura sans doute repousser ces manœuvres obscures & cruelles, qui blessent l'humanité, & qui sont un outrage à sa justice.

tême suivi, prouveront combien étoit profondément atroce le plan de mes ennemis. Je ne doute point que, si un pareil plan s'exécutoit à la fois sur tous les points de la République, la liberté ne courût les plus grands dangers.

Je ne parlerai pas dans ce moment, en détail, des faits qui me sont imputés. J'aurai occasion, par la suite, de rappeller tous ces faits : & je prouverai alors, que toutes les parties du plan de mes ennemis sont liées, qu'il s'appuie tout entier sur la méchanceté, l'imposture & la haine de la révolution.

GERBOIN, jeune.

Tours, le 17 ventôse, l'an 2 de la République une & indivisible.

www.ingramcontent.com/pod-product-compliance
Lightning Source LLC
Chambersburg PA
CBHW061009050426
42453CB00009B/1341